Saint Bernard de Thiron

et l'Ancienne Abbaye

Par M. l'Abbé C. CLAIREAUX

Curé de Notre-Dame

Archiprêtre de Nogent-le-Rotrou

BELLÊME

IMPRIMERIE DE EUGÈNE LEVAYER

1913

Saint Bernard de Thiron

et l'Ancienne Abbaye

Par M. l'Abbé C. CLAIREAUX

Curé de Notre-Dame

Archiprêtre de Nogent-le-Rotrou

BELLÊME

IMPRIMERIE DE EUGÈNE LEVAYER

1913

Ce travail a été lu à la réunion générale de la *Société Percheronne d'histoire et d'archéologie,* tenue à Thiron le 17 septembre 1912.

L'ABBAYE DE THIRON[1]

La petite ville de Thiron, où la *Société Percheronne d'histoire et d'archéologie* a l'honneur et la joie de tenir aujourd'hui son assemblée solennelle, doit toute sa célébrité, son existence même, au monastère fondé par saint Bernard (2), dans les premières années du XIIᵉ siècle.

Nous ne serons jamais assez reconnaissants aux grands moines d'autrefois des bienfaits de toutes sortes qu'ils ont répandus sur notre pays. Ils en ont défriché le sol, jusqu'alors couvert de vastes forêts, et ils ont ainsi rendu possibles les travaux de l'agriculture (3). Ils furent les protecteurs du peuple : à l'abri du monastère, le paysan aimait à bâtir sa demeure, et de ces maisons agglomérées se formèrent beaucoup de villages et de bourgs importants, où s'exerçaient les divers métiers. Partout aussi ils ouvraient des écoles : riches et pauvres y étaient également admis. Et comme en ces temps-là la religion dominait toutes choses, à mesure que les intelligences s'ouvraient à la connaissance de la vérité, la rudesse de

(1) Thiron est aujourd'hui un chef-lieu de canton de l'arrondissement de Nogent-le-Rotrou, département d'Eure-et-Loir. Population : 555 habitants. — On écrivait jadis *Tiron* ; l'orthographe administrative actuelle est *Thiron*.

(2) Saint Bernard de Pouthieu ou d'Abbeville, plus connu sous le nom de saint Bernard de Thiron. Il ne faut pas le confondre avec saint Bernard, l'illustre moine cistercien qui fonda l'abbaye de Clairvaux. Ils furent presque contemporains. Le premier mourut en 1117, le second en 1153.

(3) A notre époque l'excès du déboisement et particulièrement du déboisement des montagnes a souvent causé de désastreuses inondations ; et l'on ne peut qu'approuver les mesures prises par l'autorité publique pour obvier au mal au moyen d'un reboisement sagement compris. (Voir à ce sujet le travail approfondi de M. le Vᵗᵉ de Romanet, publié dans le *Bulletin de la Société Percheronne*, 1912, p. 189.)

la vie s'adoucissait par l'influence toujours grandissante de la civilisation chrétienne. Les moines ont fait plus encore. Par l'exemple de leurs vertus, par leur énergie persévérante dans le travail, ils ont façonné le tempérament moral du peuple de France ; et si, par le malheur des temps, ce tempérament moral a quelque peu perdu de sa vigueur, néanmoins il demeure encore en nous et constitue une de nos meilleures forces.

N'est-il donc pas de toute justice que nous rendions hommage à ces admirables pionniers de la civilisation chrétienne et française que furent les moines et les anachorètes des temps passés? En saluant la mémoire de saint Lubin (1), d'abord abbé du monastère de Brou et plus tard l'un des plus célèbres évêques de Chartres, de saint Laumer, le fondateur du monastère de Corbion (2), de saint Avit, l'illustre moine dunois, de saint Léonard, de saint Calais, de saint Bomer, de saint Eman et de tant d'autres que nous pourrions citer, nous ne rappelons pas les moindres illustrations du Perche. Ils mériteraient bien tous qu'on allât leur rendre hommage aux lieux où chacun d'eux a vécu. Nous le faisons aujourd'hui pour saint Bernard de Thiron.

Volontiers j'ai accepté de dire quelques mots de ce saint personnage. Mais si la tâche m'est douce, je n'en sens pas moins la difficulté de la remplir comme il faudrait. C'est pourquoi je réclame l'indulgence de mes lecteurs pour ces quelques pages écrites à la hâte, au milieu d'autres travaux pressants. J'essayerai de faire connaître d'une manière précise, quoique abrégée

1° La vie de saint Bernard de Thiron,
2° L'histoire du monastère.

La vie de saint Bernard de Thiron, par son disciple Geoffroy le Gros (3), l'étude qui en a été faite récemment par M. J. von Walter, professeur à l'Université de

---

(1) Saint Lubin et la plupart des personnages que nous signalons ici vivaient au VIᵉ siècle.

(2) Le monastère de Corbion était situé à Moutiers-au-Perche (Orne), jadis du diocèse de Chartres, aujourd'hui du diocèse de Séez.

(3) On la trouve au tome 172 de la *Patrologie latine* de Migne.

Göttingen (1), un chapitre précieux d'Orderic Vital (liv. VIII, chap. 27 de l'*Histoire ecclésiastique*), le *Cartulaire de Tiron* publié par M. Lucien Merlet (2), les *Essais historiques sur le Perche*, par M. Gouverneur (3), tels sont les principaux ouvrages qui servent de base à ce travail et que nous avons consultés.

I. — SAINT BERNARD DE THIRON

1. Jeunesse de saint Bernard et débuts dans la vie religieuse

Bernard naquit vers le milieu du XIe siècle, sur le territoire d'Abbeville, en Ponthieu. Ses vertueux parents lui firent donner une brillante éducation, et, grâce à la facilité de son esprit, il parcourut promptement tout le cycle des études usitées en ces temps-là : la grammaire, le dialectique et les autres branches des arts. Les jeux et les distractions si chères à la jeunesse ne l'attiraient guère. Aussi ses camarades l'appelaient-ils par dérision : « le moine. »

De bonne heure il songea à se retirer du monde. A peine avait-il atteint sa vingtième année, qu'il abandonna sa famille, et, accompagné de trois de ses amis, il se dirigea vers Poitiers, où il entra dans un monastère de bénédictins, à Saint-Cyprien. Bientôt il prit l'habit religieux et fit profession.

Tout en s'appliquant fidèlement aux exercices prescrits par la règle, il s'adonnait avec bonheur à l'étude des sciences sacrées et plus particulièrement des saintes

(1) Deuxième partie de l'ouvrage intitulé : DIE ERSTEN WANDERPREDIGER FRANKREICHS. (*Les premiers prédicateurs errants de France*, Leipzig, 1903 et 1906.) Cet ouvrage a été traduit en partie par M. Cahour, bibliothécaire de Laval, dans le *Bulletin de la Commission historique et archéologique de la Mayenne*, 1908-1909. — M. J. von Walter, remarquant que les mêmes faits sont racontés deux fois par Geoffroy le Gros, croit reconnaître deux sources d'information, qu'il appelle respectivement A et B, plus ou moins bien unies et complétées par le travail du Rédacteur.

(2) Le *Cartulaire de Tiron*, publication de la Société archéologique d'Eure-et-Loir, 2 vol. in-4o, 1883.

(3) Un vol. in-8e, Nogent-le-Rotrou, 1882.

Écritures. Il y passait une grande partie des nuits. Une fois, il lui arriva de s'endormir. Le flambeau de cire qu'il tenait pour s'éclairer tomba de sa main défaillante sur la page qu'il lisait. Le flambeau se consuma tout entier, sans que, chose merveilleuse, le livre fût endommagé (1).

Au bout de quelques années, il fut choisi comme prieur de Saint-Savin, et il s'appliqua de toutes ses forces à y restaurer la discipline un peu affaiblie. Plus tard, l'abbé étant mort, les religieux désirèrent qu'il le remplaçât. Il essaya de se dérober à cet honneur et il s'enfuit secrètement dans la forêt de Craon, sur les limites du Maine et de la Bretagne, auprès de Robert d'Arbrissel qui avait réuni là, sous sa direction, quelques ermites. Sa retraite fut découverte et les moines de Poitiers se disposaient à faire auprès de lui de nouvelles instances, quand Bernard s'échappa de nouveau et se retira dans les îles Chausey, à l'entrée du golfe de Saint-Malo. Cédant enfin aux prières de l'abbé de Saint-Cyprien, il reprit la route de Poitiers, devint prévôt de ce monastère, puis abbé, à la mort de Renaud, qui occupait cette charge. Mais bientôt, fatigué des difficultés que ne cessaient de susciter les moines de Cluny, sous l'obédience desquels était Saint-Cyprien, Bernard partit pour Rome où il alla défendre la cause de son monastère. Il arriva dans la Ville Éternelle sous l'humble vêtement d'un ermite et n'ayant qu'un âne pour monture. Malgré la vénération qu'inspirait au pape tant de vertu, malgré le bon accueil qui lui fut fait, il ne semble pas pourtant avoir triomphé des prétentions des Clunisiens. Aussi préféra-t-il renoncer à sa charge et retourner, sous le pseudonyme de Guillaume, auprès de son ami Robert d'Arbrissel, où l'attirait l'amour de la solitude.

2. Les Ermites de la forêt de Craon

Dans la forêt de Craon, autour de Robert, s'étaient réunis de nombreux disciples. On eût dit une colonie d'ermites. Parmi ces hommes, un certain nombre devaient

(1) Geoffroy Le Gros, *Vita B. Bernardi,* n° 12.

plus tard remplir un grand rôle. Il y avait là, avec le futur fondateur de Fontevrault, Vital de Mortain, qui devait établir la grande congrégation de Savigny, Raoul de la Futaie, à qui l'on doit le couvent de Saint-Sulpice, non loin de Rennes, Hervé de la Sainte-Trinité, ancien moine de Vendôme, le prêtre Quintinus et un autre Hervé, qui furent le deuxième et le troisième abbé du monastère de la Roë, près de Château-Gontier, et enfin un ermite appelé Pierre.

C'est dans l'ermitage de ce dernier que fut envoyé notre Bernard. Joyeux de recevoir un tel compagnon, Pierre l'invite, ainsi que les moines qui sont avec lui, à partager son modeste repas. Hélas! dans sa cellule, il n'y avait pas même assez de nourriture pour lui seul. Que faire? il se hâte de prendre ses paniers et d'aller dans la forêt cueillir des noisettes et d'autres fruits. Un hasard favorable lui fait découvrir dans le creux d'un arbre une ruche pleine de miel. Tout heureux, il rapporte son butin à l'ermitage et l'historien ajoute : *esset opulentum convivium nisi panis deesset, dignior pars epularum* (1), le repas eût été splendide, mais le pain manquait, c'est-à-dire le meilleur, le principal des aliments.

Disséminés dans la forêt, les ermites de Craon se tenaient toujours en rapport d'affaires et en communication intellectuelle les uns avec les autres. L'objet de leurs entretiens, c'était l'état de l'Église et l'intérêt des âmes.

Dans les ermitages, on s'occupait au travail manuel, à l'agriculture, au jardinage. L'ermite Pierre, lui, ne connaissait rien aux travaux des champs; il gagnait sa vie à tourner le bois. Il apprit son métier à Bernard et il ne tarda pas à être fier de l'élève que la Providence lui avait envoyé. Quant à la nourriture, ils s'en partageaient le soin. Pierre, qui avait une longue expérience de la forêt, s'en allait chercher de quoi manger ; le disciple, lui, était chargé de la cuisine, et certes elle n'avait rien de bien somptueux : *non sumptuosæ coquinæ* (2). Toute sa

(1) *Vita B. Bernardi,* n° 22.
(2) *Ibid.,* n° 23.

mission consistait à assaisonner les herbes et les fruits sauvages. Les jours de fêtes, on y mettait un peu de sel. D'ailleurs on ne prenait qu'un seul repas par jour, après les Vêpres. L'habitation n'était pas moins simple. Pierre s'était bâti, dans les ruines d'une église, une hutte en écorce. Il arriva que la tempête en détruisit une partie. Pour protéger le reste, l'ermite au moyen d'une corde tressée avec des tiges de plantes, l'avait attachée aux branches d'un chêne qui la dominait (1).

Telle était la vie de ces hommes, toute ascétique, toute pénitente. Mais ils ne négligeaient pas de prêcher aux alentours la parole sainte, et leurs efforts étaient couronnés de succès. Lorsque, après le concile de Clermont (1095) où fut décidée la première croisade, le pape Urbain II vint à Angers, il voulut que Robert d'Arbrissel prêchât, en sa présence, cette croisade. Robert s'acquitta de sa mission avec tant de simplicité, mais aussi avec tant de conviction et de succès, que le pape lui donna le titre de *seminiverbius,* semeur de la parole sainte, prédicateur errant, ou, comme nous disons aujourd'hui, missionnaire apostolique.

3. Saint Bernard, prédicateur et directeur d'âmes

Bernard, lui aussi, reçut, quelque temps plus tard, une mission semblable. Lorsqu'il s'en allait prêcher aux foules, ou bien il marchait à pied, ou bien il était monté sur son fidèle *Poitevin* (2). C'est le nom qu'il donnait à son âne. L'austérité de son vêtement, sa longue barbe, ses traits amaigris le désignaient comme un ermite, mais la douceur et la simplicité de son langage gagnaient bien vite les cœurs. M. Gouverneur a reproduit dans son ouvrage une médaille représentant Bernard de Thiron : les yeux regardent le ciel, les traits sont agréables. Bien qu'elle soit certainement postérieure de plusieurs siècles à celui

----

(1) *Vita B. Bernardi,* n° 22.

(2) Appelé ainsi soit pour indiquer la provenance, soit par une douce ironie.

qu'elle représente, elle nous donne cependant une idée vraie de sa physionomie.

On ne possède pas de renseignement très précis sur la prédication de Bernard. Nous savons cependant quels sujets il aimait à traiter, aussi bien quand il était ermite dans la forêt de Craon, que lorsqu'il eut fondé le monastère de Thiron. Il parlait de la vanité du monde et de l'approche du jugement, il insistait surtout sur les biens promis à ceux qui suivent le Christ dans la pauvreté. Le caractère de sa personnalité, c'était d'imiter le Christ, mais le Christ pauvre et humble. S'il s'était dépouillé de tout, s'il souffrait sans se plaindre du froid et de la faim, c'était pour imiter le Maître divin. Lorsqu'il se rendait aux îles Chausey, un des ermites mit dans la main de son compagnon dix-huit pièces de monnaie : « Crois-tu donc, dit-il à ce dernier, que le Christ, que nous avons partout trouvé riche, va être pauvre là où nous allons ? » Et il donna l'argent à un paysan qu'il rencontra (1). Même dans les plus grands froids, jamais il ne se chauffait ; à défaut de pain, il se contentait d'herbes ; dans la souffrance, loin de se plaindre, il gardait toujours sa bonne humeur. Il aimait à réunir autour de lui toutes les faiblesses : les malades et les estropiés, les femmes et leurs petits enfants, les petits bergers des environs. C'était un bonheur pour lui que d'être avec les pauvres du Christ (2).

Aux pécheurs il se montrait accueillant, et l'on raconte de lui ce qui a été dit aussi de saint François de Sales et du curé d'Ars. Lorsqu'on lui avait accusé quelque crime, il pleurait durant de longues heures, jusqu'à ce que le pécheur, enfin touché de la grâce, rentrât en lui-même et se convertît. Habile directeur de conscience, il savait relever d'un mot les âmes découragées ou abattues par la tentation, dominant les violents et les orgueilleux, faisant accepter ses conseils en les donnant avec esprit. Un jour, il se promenait avec ses disciples. Ils rencon-

(1) *Vita B. Bernardi,* n° 26.
(2) *Ibid.,* n° 134.

trèrent une femme élégamment parée, et quelques-uns d'entre eux ne purent s'empêcher de la regarder. Bernard ne leur fait d'abord aucune observation, mais, quelques pas plus loin : « Quel dommage, dit-il, qu'une femme si belle soit borgne ! » — « Mais elle ne l'est pas, » répondirent vivement les autres. — « Eh ! que nous importe, réplique Bernard, qu'elle le soit ou non ? » La remarque avait porté et les disciples rougirent de leur naïve curiosité (1).

Au surplus, il ne se refusait envers les autres à aucune concession, dès qu'elle était conforme au bon sens et à la raison. Un peu avant la construction du monastère, les moines, qui vivaient auprès de lui, fatigués des travaux de la journée, demandèrent à être exemptés de chanter les psaumes durant la nuit. « Non, leur répondit-il d'abord, continuons à agir comme c'est l'usage des religieux, à moins que Dieu ne nous fasse connaître par quelque signe que telle est sa volonté. » Huit jours plus tard, pendant l'office de la nuit, voilà que tous s'endorment et Bernard lui-même comme les autres. Il considéra l'évènement comme le signe de la volonté divine et il renonça à faire chanter les psaumes durant la nuit (2).

Pendant quatre ans environ, Bernard se livra à la prédication, surtout en Normandie. Au bout de ce temps, soit par suite de la fatigue ou pour tout autre motif, il retourna aux îles Chausey, accompagné d'un petit nombre de disciples. Ils y construisirent une petite chapelle en bois ; mais les pirates la profanèrent et la pillèrent. Effrayé, le saint ermite chercha un asile plus sûr. Il crut le trouver d'abord aux environs de Fougères, dans une forêt qui appartenait à Raoul, seigneur de cette ville. Celui-ci, craignant pour son gibier, engagea les solitaires à pousser un peu plus loin, jusqu'à la forêt de Savigny. Nouvelle déconvenue : Vital de Mortain, qu'il avait connu auprès de Robert d'Arbrissel, s'y était déjà établi. Bernard chercha alors un lieu où il put demeurer en paix avec

(1) *Vita B. Bernardi*, n° 139.
(2) *Ibid.*, n° 61. — Cf. J. von Walter, *passim*.

ses disciples. C'est dans ces conditions que se produisit la fondation du monastère de Thiron.

4. Le Monastère de Thiron

Il chargea d'abord le plus jeune de ses disciples de trouver au loin un endroit assez vaste où ils pourraient s'établir et demeurer tous ensemble. La recherche fut vaine. L'un d'entre eux eut alors comme une inspiration céleste de s'adresser à Rotrou, comte du Perche. Bernard envoya au comte deux de ses compagnons. Rotrou, apprenant le but de leur voyage leur fit bon accueil et leur concéda une terre fertile et agréable, et qui convenait bien à la fondation projetée. C'était à une lieue de Nogent, le territoire d'Arcisses. Mais quand, à son tour, Bernard arriva, Rotrou sans doute lui témoigna beaucoup de respect ; cependant il refusa, sur les instances de sa mère, de confirmer sa première concession. Béatrix, en effet, toute dévouée aux moines Clunisiens de Saint-Denis, craignait que le nouveau monastère ne leur fît tort. Rotrou pria donc Bernard de chercher un autre emplacement sur ses domaines.

Ceux que Bernard avait envoyés à la recherche ne tardèrent pas à revenir, mais découragés ; car, aux confins de la forêt du Perche, ils n'avaient trouvé qu'un lieu absolument dénué des choses nécessaires à la vie. Le pieux anachorète crut néanmoins répondre aux volontés de la Providence en y amenant ses disciples.

Ecoutons ici M. Gouverneur :

« Là finit, dit-il (1), la forêt du Perche, dont les bois de
« Tyron étaient un rameau, et en même temps se termine
« le domaine de Rotrou, séparé par une vallée profonde
« de l'ancienne limite de la commune de Gardais, dépen-
« dance spirituelle du Chapitre de Chartres. Un plateau
« élevé, regardant l'est, interrompt brusquement le versant
« de la forêt dont le pied se perd dans des terrains
« marécageux d'où sortent les étangs de Sainte-Anne et

(1) P. 252.

« de Tyron, puis une rivière, la Tyronne, née des égouts
« des bois et alimentée encore par une source qu'on
« appelle la fontaine de Saint-Bernard, nom conservé de
« même aux prairies qui l'entourent. C'est ce plateau, au
« terrain nu et stérile, que Bernard choisit pour sa
« première résidence. Autour, les noms sont significatifs :
« *la Chambrée, la Bougarderie,* perpétuent le souvenir
« de leur destination primitive. De plus, une chapelle
« surmontée d'un clocheton, et portant le nom de
« Sainte-Anne-des-Bois, avait été édifiée dès le xive siècle,
« comme pour marquer l'emplacement primitif..... C'est
« donc sur ce plateau, dépendant aujourd'hui de la
« ferme du Val, que Bernard construisit quelques cellules
« en bois, puis une modeste église » où, l'an 1109, le saint
abbé, après avoir reçu la bénédiction de saint Ives,
évêque de Chartres, célébra pour la première fois la messe,
le jour de Pâques. La nouvelle communauté était déjà
nombreuse, et l'on pouvait se promettre enfin des jours
tranquilles.

Mais les moines de Saint-Denis vinrent encore une fois
troubler le repos de la naissante thébaïde. Abusant de la
générosité du comte et de l'influence qu'ils avaient sur
sa mère Béatrix, insatiables de prérogatives et de
richesses, ils réclamèrent comme un droit acquis à leur
maison de Nogent, par donation du comte, la dîme de
tout ce que celui-ci avait donné au nouveau monastère et
jusqu'au droit de sépulture de toutes les personnes qui
y étaient attachées. Le monastère étant situé sur la
paroisse de Brunelles se trouvait ainsi sous la dépendance de Saint-Denis.

Bernard était trop ennemi des contentions, trop fidèle
observateur des préceptes et des conseils évangéliques
pour ne pas céder encore une fois. Il abandonna donc le
territoire qu'il avait reçu du comte et toutes les construc-
tions que, depuis quatre ans, il y avait établies.

Mais où aller ? où trouver une protection assurée pour
établir définitivement son monastère ? Il eut l'inspiration
de s'adresser à Ives de Chartres et de lui demander, sur
le domaine de son église, la portion de terrain qui lui

était nécessaire. L'évêque et le Chapitre, pleins de vénération pour l'homme de Dieu, lui accordèrent, le 3 février 1114, une charruée de terre, sur la paroisse de Gardais, qui dépendait du Chapitre.

Cette fois, les épreuves étaient finies. On peut lire dans Geoffroy le Gros et dans Ordéric Vital les débuts et les détails d'installation de la communauté nouvelle. Son succès fut tel qu'après trois ans d'existence, le monastère de Thiron comptait jusqu'à cinq cents religieux. Si le chiffre est peut-être exagéré, il ne paraît pas douteux cependant qu'une grande activité ne régnât dans la maison. Il y avait là des ouvriers habiles en toutes sortes d'ouvrages. Bientôt s'ouvrirent de florissantes écoles, où les plus savants disciples de Bernard enseignaient les principes des sciences et des belles-lettres (1). On y venait non seulement des provinces voisines, mais des contrées les plus lointaines. De toutes parts on s'intéressait à Thiron et l'on comblait le monastère de dons et de privilèges. Nous en parlerons plus loin.

Nous voulons seulement ici, en terminant cette première partie de notre étude, signaler la base sur laquelle Bernard, à l'exemple des autres grands réformateurs de la vie monastique au XIIe siècle, avait établi son monastère.

5. Organisation monastique au XIIe siècle

On y suivait d'une manière générale la règle de saint Benoît. Celle de Thiron en différait un peu sur quelques points, et toujours dans le sens de l'aggravation. Dans le boire et le manger ainsi que dans le vêtement, on était plus austère que ne le prescrivait la règle bénédictine (2). Il y avait en outre des usages particuliers, fixés par écrit. Leur existence est prouvée par Guillaume de Newburg, mais ils ne sont pas parvenus jusqu'à nous. Il semble même que Bernard avait imposé à ses moines des règles

(1) Voir *les Ecoles de Chartres au Moyen-Age*, par M. l'abbé CLERVAL, p. 206 et suiv.
(2) *Vita B. Bernardi*, n° 87.

de conduite et tout un ensemble de traditions qu'il suivait lui-même (1).

Les moines fondateurs du XII⁰ siècle choisissaient de préférence, pour l'établissement de leurs monastères, des lieux inhospitaliers. Bernard ne s'était pas écarté de cette règle dans la fondation de Thiron. Le séjour en de tels lieux modifiait nécessairement la façon de vivre. Les moines de Thiron portaient un vêtement religieux, mais grossier, très différent de celui des autres moines. Le leur était grisâtre, tissé de longs poils et ressemblait aux toisons des brebis d'où on l'avait tiré. « Les paysans des environs ne pouvaient s'accoutumer à la vue de ces gens d'aspect si nouveau : ils les prenaient pour des espions sarrazins venus en France par des chemins souterrains (2). » Peu à peu seulement on comprit que les nouveaux venus ne voulaient de mal à personne et on ne craignit plus de les approcher.

Ce costume primitif paraissait encore trop luxueux aux disciples de Bernard, tant ils prenaient au sérieux leur existence d'ascètes. Jusque dans les rigueurs de l'hiver, ils négligeaient parfois de se couvrir de leurs manteaux de peaux de brebis, ou de porter leur coiffure. Leur abstinence tenait du prodige. En certains jours, le pain manquait à tel point qu'une livre de pain était partagée entre deux et même quatre religieux. On se contentait alors d'herbes sauvages. Quant au vin, au bon vieux temps où vivait saint Bernard, on n'y pensait même pas (3).

Dans les conditions où ils s'étaient établis, le travail était une nécessité pour les moines. C'était la règle du nouveau monastère. Contrairement à ce qui se pratiquait ailleurs, à Thiron, on s'occupait des travaux du ménage ; à tour de rôle les moines faisaient la cuisine et apportaient du bois. Ils défrichaient la forêt et la cultivaient.

Parmi eux, dit Orderic Vital, se trouvaient des forgerons, des vignerons, des cultivateurs, des maçons, des

(1) *Vita B. Bernardi,* nᵒˢ 113 et 98.
(2) *Ibid.,* nᵒ 71.
(3) *Ibid.,* nᵒ 87.

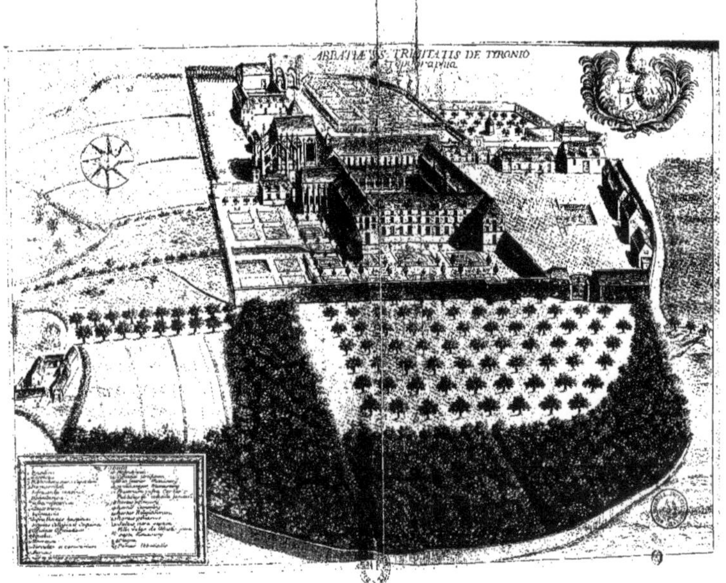

L'ABBAYE DE THIRON

D'APRÈS LE " MONASTICON GALLICANUM "

Bibl. nat. Est. 1690

peintres, des sculpteurs, chacun s'exerçant au métier pour lequel il montrait plus d'aptitude.

Bernard eut la consolation de voir, avant de mourir, son œuvre prendre les plus heureux développements. Malgré la protection dont le couvraient les rois et les princes, il ne se départit pas un instant des principes d'ascétisme auxquels il avait voué sa vie. Tel il avait toujours vécu, humble et mortifié, tel il voulut mourir. Sa mort fut vraiment l'écho de sa vie. Elle arriva le 25 avril 1117, et son historien a dit de lui en toute vérité que, pauvre d'esprit, il suivit jusqu'à la mort son Maître pauvre : *pauperem Dominum ad mortem pauper spiritu seque-batur* (1).

II. — LE MONASTÈRE DE THIRON

La réputation des vertus et des mérites de Bernard s'était répandue au loin. Aussi, de toutes les contrées, les plus nobles personnages s'étaient-ils empressés de lui prouver leur estime en contribuant, par leurs dons généreux, à pourvoir le nouveau monastère de tout ce qui était nécessaire à la vie religieuse.

Sans parler de Louis VI, roi de France, de Henri Ier, roi d'Angleterre, de David IV, roi d'Écosse, qui s'étaient déclarés les protecteurs attitrés de la nouvelle congrégation, rappelons ici que Rotrou, comte du Perche, pour témoigner son amitié à Bernard, lui avait de nouveau remis le territoire d'Arcisses, que jadis il lui avait retiré à la sollicitation de sa mère Béatrix. Celle-ci même, qui jusqu'alors avait soutenu les moines de Saint-Denis aux dépens des disciples de Bernard, changea ses affections. Elle voulut se retirer à Thiron, et, à l'endroit où était primitivement un petit couvent en planches, elle fit construire une vaste basilique, sans doute l'église qui subsiste encore aujourd'hui.

Après sa mort, Julienne, sa fille, se chargea de cons-

(1) *Vita B. Bernardi,* n° 111.

truire les bâtiments économiques. Henri Ier, roi d'Angleterre, fit faire le dortoir, et Thibault, comte de Blois, l'infir-
merie. En peu de temps, tout l'essentiel était terminé.

Le monastère de Thiron ne paraît pas avoir jamais
possédé dans son ensemble un caractère vraiment artis-
tique. Quand on a visité par exemple le couvent de Fontevrault, on constate que le monastère de Robert d'Arbrissel
l'emporte de beaucoup sous ce rapport sur celui qui fut
édifié par Bernard de Thiron. A Fontevrault, une église
admirable fait briller dans toute sa splendeur le style
roman du xiie siècle ; celle de Thiron est beaucoup plus
modeste. Fontevrault a conservé un cloître de la Renais-
sance que l'on pourrait comparer au magnifique cloître
du xiiie siècle, qui est une des curiosités du Mont-Saint-
Michel : il ne reste rien du cloître de Thiron. A Fontevrault, il existe encore une salle capitulaire qui est un
pur chef-d'œuvre de l'art : celle de Thiron a disparu avec
le reste. Et cependant les artistes ne manquaient pas au
monastère de Bernard. C'est même une tradition du pays
chartrain — fondée ou non, je n'ai pas à le décider ici,
— que le portail roman de la cathédrale de Chartres, un
des plus beaux monuments d'art qui soient au monde,
serait l'œuvre des moines de Thiron. Cela n'est pas
impossible, puisque, au rapport d'Ordéric Vital, il y avait
à Thiron de très habiles sculpteurs. Mais n'est-il pas
surprenant que ceux qui ont produit les merveilles de
sculpture qui décorent le « portail royal » de Chartres,
aient dédaigné pour le monastère auquel ils appartenaient
ces richesses artistiques qu'ils prodiguaient ailleurs?

La congrégation de Thiron fut si florissante, que « vers
« le milieu du xiie siècle, dit M. Lucien Merlet (1), onze
« abbayes et plus de cent prieurés dans les provinces
« les plus diverses de la France, en Angleterre (2) et en

(1) *Cartulaire de Tiron,* introduction, p. xviii.

(2) L'histoire d'un des prieurés d'Angleterre a été écrite par Mme Emily
M. Pritchard, dans un superbe volume petit in-4° intitulé : *The history of
St Dogmaels Abbey* (London ; Blades, East and Blades, 1907), avec de magni-
fiques illustrations, dont plusieurs représentent l'abbaye-mère de Thiron.

Il serait à désirer que chacun des autres prieurés eût aussi son historien ;
et peut-être, notamment en Angleterre et en Ecosse, les collections d'ar-
chives dévoileraient-elles bien des choses intéressantes.

« Écosse, reconnaissaient la suprématie de Tiron. Le
« monastère était devenu chef d'ordre, et l'on disait
« l'ordre de Tiron, comme on disait depuis longtemps
« l'ordre de Cluny, comme on allait dire bientôt l'ordre de
« Cîteaux.

« Chaque année, un chapitre général réunissait à Tiron
« les délégués des abbayes et des prieurés dépendant de
« la maison-mère, et là, l'abbé de Tiron, entouré de onze
« autres abbés crossés et mitrés, jugeait en dernier res-
« sort toutes les infractions à la discipline monastique,
« nommait et destituait les abbés et prieurs, réglait l'admi-
« nistration des biens, passait les baux, ordonnait les
« acquêts, etc. »

Cette prospérité matérielle si rapide n'était pas sans
inconvénient. Les abbés perdirent bientôt l'humilité et
la simplicité de leur saint fondateur et la sévérité primitive de la discipline monastique ne tarda pas à se
relâcher.

L'invasion anglaise avait amené, en 1428, l'incendie du
monastère : le désastre avait été considérable, la rentrée
des fonds se faisait difficilement, on avait perdu pour
beaucoup de fondations les preuves des droits conven-
tuels. Par crainte de perdre ce qui restait de ces anciens
droits, la nécessité, pour ne pas dire la cupidité, poussa
les moines à produire des chartes fausses. Il s'en suivit
des procès regrettables, l'un, entre autres, avec le Chapitre de Chartres. Commencé en 1505, il ne se termina
qu'en 1542 par une transaction qui fut confirmée par le
pape Paul III. Bientôt la discussion reprit, elle dura cinq
ans encore, au bout desquels le Chapitre gagna définitivement le procès par la sentence du 5 octobre 1556. Cette
sentence, dont on possède encore la teneur, est écrite
sur un parchemin de 4 mètres de longueur. Vainement
le monastère de Thiron fit appel devant le Parlement :
le jugement du 22 mars 1558 confirma l'arrêt du 5 octobre 1556.

Cette affaire était à peine terminée que les guerres de
religion causèrent au monastère de Thiron un désastre
nouveau.

Le 19 mars 1562, trois mille reîtres, qui allaient rejoindre les troupes du prince de Condé, s'abattirent sur le monastère et le mirent au pillage. Trois religieux massacrés, l'église convertie en écurie, les vitraux du chœur brisés, les objets les plus précieux, et jusqu'aux reliques des saints, profanés et dérobés : tel est le bilan des trois journées funestes où les reîtres gaspillèrent tout ce qu'ils ne purent emporter.

L'abbé d'alors, dit M. L. Merlet, Hippolyte d'Este, cardinal de Ferrare, et ses deux successeurs firent tout leur possible pour apporter remède aux désordres que les divisions intestines de la France et les ravages des partisans avaient introduits au sein même de l'abbaye. Mais l'abus de la commende se fit sentir à tel point qu'on eût dit que les traditions antiques de Thiron étaient complètement perdues.

La nécessité d'une réforme s'imposait d'ailleurs un peu partout. Pour la rendre plus facile, Louis XIII, sur la demande du clergé de France, constitua dans l'ordre bénédictin ce qu'on appelle la Congrégation de Saint-Maur. Cette congrégation fut reconnue et approuvée par le pape en 1621.

L'abbé de Thiron, Henri de Bourbon, l'introduisit en 1629 au monastère qu'il dirigeait. Dès lors une nouvelle période d'activité extrêmement féconde s'ouvre pour Thiron ; mais on peut dire que, dès ce moment, l'œuvre de saint Bernard était terminée ; il ne restait plus rien de l'idée primitive qui avait inspiré sa conduite. Les malheurs des temps, la faiblesse des hommes avaient ruiné la noble conception du pieux fondateur.

Nous laissons à d'autres la mission de raconter l'histoire de Thiron dans la période nouvelle qui s'ouvre par l'établissement de la Congrégation de Saint-Maur. Les religieux bénédictins se consacrèrent à l'éducation de la jeunesse et ils ouvrirent un collège qui devint promptement florissant sous le titre d'*Ecole royale militaire*. C'est là que les meilleures familles de la contrée et même des provinces éloignées, firent élever leurs enfants jusqu'aux jours funestes de la fermeture définitive du monastère, en 1792. Nous ne croyons pas être en dehors de la vérité en disant ici que, ce jour-là, Thiron a perdu tout ce qui faisait sa gloire et sa prospérité.

Nous ne ferons pas la description de l'église abbatiale, devenue, depuis la Révolution, l'église de la paroisse de Thiron. On la trouvera en détail dans l'introduction au Cartulaire de Tiron (t. I, p. cii et suiv.). Signalons cependant le déplorable accident qui détruisit le superbe chœur gothique, ajouté au xve siècle à la longue nef romane. Celle-ci n'a pas moins de 64 mètres de long sur 12 de large. Le chœur avait, au-delà du transept détruit en 1629, 24 mètres de long sur 28 de large. Il s'écroula tout d'un coup, le lundi 10 février 1817, à 10 heures du matin, avec un fracas épouvantable qui se fit entendre au loin. La municipalité d'alors, pour se créer des ressources afin de réparer la couverture de la nef, avait eu l'inintelligence de vendre les contreforts et piliers et de découvrir les basses voûtes. Le pavage en mosaïque fut anéanti et ies stalles sculptées des moines à moitié détruites. Elles furent retirées de dessous les décombres et placées le long de la nef. Elles sont du xive siècle : chacune d'elles a un bas-relief différent ; des figures bizarres et fantastiques décorent les accotoirs ou *miséricordes*.

Ce chœur avait été construit par Lionel Grimault, abbé de 1454 à 1498, dont la pierre tombale est conservée aujourd'hui dans la sacristie. Quatre croisées ogivales à meneaux et garnies de verrières éclairaient le sanctuaire. Les piliers, formés de faisceaux de demi-colonnes, s'élançaient d'un jet depuis le pavé jusqu'aux combles, pour aller recevoir les arceaux croisés diagonalement de la voûte. Au point d'intersection, la clef de voûte se dessinait en un pendentif d'un travail admirable.

Terminons ces renseignements par un mot sur les reliques de saint Bernard. Nous l'empruntons à M. l'abbé Haye : « Les reliques de saint Bernard, dit-il, ont perdu « tout caractère d'authenticité, et M. Lépine, décédé

« curé de Thiron en 1865, a enfoui sous le pavé de la
« sacristie un amas d'ossements avec cette inscription :
« *Restes dits de saint Bernard.* Mais si les reliques n'exis-
« tent plus, il n'en reste pas moins vrai que Bernard
« fut un grand saint et mérite d'être honoré. Aussi
« le Saint-Siège a-t-il autorisé son culte pour le diocèse
« de Poitiers et pour celui de Chartres (1). »

Combien il serait à désirer qu'un historien compétent
consacrât ses loisirs à faire revivre la mémoire de saint
Bernard de Thiron, et nous fît connaître dans son
ensemble l'histoire du monastère, ainsi que celle des
abbayes et des prieurés qui étaient sous sa dépendance !
Celui-là mériterait bien de la religion et des sciences
historiques.

(1) Abbé HAYE : *Martyrologe de l'église de Chartres,* p. 71.